EDITORA **TRINTA ZERO NOVE**

"A tradução não se cinge apenas a palavras:
é uma questão de tornar inteligível uma cultura inteira."

Anthony Burgess

# Eu rezemos só que me safo

sessenta redacções de crianças Napolitanas

curadoria de

## Marcello D'Orta

professor primário

Tradução de
**Sandra Tamele**

Não ficção | 01

EDITORA TRINTA ZERO NOVE

Título **Eu rezemos só que me safo, sessenta redacções de crianças Napolitanas**
Título original **Io speriamo che me la cavo, sessanta temi di bambini Napoletani**
Curadoria **Marcello D'Orta**
Tradução **Sandra Tamele**
Revisão **Editora Trinta Zero Nove**
Capa e Projecto Gráfico **Editora Trinta Zero Nove**
Paginação **Editora Trinta Zero Nove**
Impressão **Editora Trinta Zero Nove**

ISBN: 978-989-54516-7-8
Depósito Legal DL/BNM/559/2020
Registo 10239/RLINICC/2020

© 1999 Arnoldo Mondadori Editore S.p.A., Milano
© 2015 Mondadori Libri S.p.A., Milano
© 2020 Editora Trinta Zero Nove tradução portuguesa

Av. Amílcar Cabral, nº1042
Maputo Moçambique

contacto@editoratrintazeronove.org
www.editoratrintazeronove.org
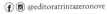 @editoratrintazeronove

Quantas redacções terei lido em mais de dez anos como professor primário num subúrbio napolitano? Não sei dizer, perdi-lhes a conta. Mas não as recordações, pois apesar de ordenadas ou desordenadas, tristes, jocosas e até polémicas, todas sempre me disseram e às vezes até deram alguma coisa. Tanto que conservei algumas que apresento agora nesta colectânea de sessenta das mais amenas às mais surpreendentes. Creio que vale á pena conhecê-las. Coloridas, cheias de vitalidade, muitas vezes prodigiosamente agramaticais e explosivas com humor involuntário, á primeira vista podem fazer pensar numa desconcertante antologia de "pérolas". Mas, para quem souber ver, subjacente trazem algo de muito diferente. Uma sabedoria e uma resignação antigas, uma alegria descontraída e enternecedora no seu candor sub-proletário, uma crónica quotidiana, hilariante e despeitada que ilustra num instantâneo inquietante as condições de vida no Sul [de Itália]. Têm qualquer coisa que nos convida a pensar e que dificilmente um sério tomo de sociologia nos poderia oferecer com tanta imediatez. As redacções, como dizia, não são muitas. E tem um porquê. Nápoles é uma cidade que induz, até com bastante facilidade, á oleografia e, até a um certo "eduardismo", e transformar cada criança pobre num engraxador de sapatos ou num Gavroche é um jogo bastante apelativo. Assim, fiz o possível para não cair nessa armadilha descartando, até com uma certa amargura, os componentes que se prestavam a estas interpretações e cortando draconianamente os trechos que me pareciam "suspeitos". Em vez disso intervim muito raramente apenas para desembaraçar alguma frase que, na versão original, apareceria por assim dizer, pouco hermética. Em cada caso não intervim nunca sobre o conteúdo, para manter intacta a frescura, a originalidade e, digamos até, a profundidade da mensagem que salta destas pequenas e extraordinárias mentes de criança.

**Marcello D'Orta**

Eu rezemos só que me safo

# Conta em poucas palavras o filme que gostaste mais

Em poucas palavras o filme que gostei mais assisti ontem mesmo, e se chamava "Odisseia". Agora vou-vos contar.

Era uma vez Ulisses, que tinha incendiado a cidade de Troia. Ele tinha usado o estratagema do cavalo madeiroso, e assim matou a todos. Então a guerra ficou acabada e ele tinha de voltar para casa.

A casa dele chamava-se "A Ítaca".

Então ele pôs-se em viagem, e viajava, viajava, viajava sempre. Então ele, daqui para li, passou tantos barulhos, mas tantos barulhos, que foram mil barulhos! O primeiro barulho que passou foi Polifemo. Era uma gruta maningue grande, com um pente maningue grande, um secador de cabelo maningue grande, uma cama maningue grande. Entra Polifemo, um monstro gigante com um olho só. Deu um grito maningue alto, depois se via os companheiros de Ulisses comia-os. Mas ninguém queria morrer. Queriam viver um pouco mais. Um gritava: "Polifemo, não me come, come aquele outro!", mas Polifemo era a ele próprio que queria engolir: tinha visto bem que era gorducho!

Então Ulisses dava-lhe de beber um vinho tocado e Polifemo caía de sono. Caladinhos caladinhos esfuracam-lhe[1] o olho, e fogem. Então o gigante gritava, mas ninguém o escutava e no fim, os outros monstros escutaram-no e diziam-lhe: "Quem te esfuracou esse olho?" e Polifemo dizia "ninguém" e os outros diziam então és burro.

E assim Ulisses fugiu. Mas houve outro barulho. Certas sereias meio peixe meio mulher cantavam, cantam uma linda canção. E Ulisses manda meter duas tampas de rolha de carrafa nas orelhas dos amigos, mas ele não põe, e quando aqueles meio peixes cantam, ele queria atirar-se ao mar, mas é amarrado e nenhuma lhe

---

[1] Cegaram-lhe o olho

matrecou.

Depois no fim soltam-no, mas logo passa a outro barulho. Ele encontrou o deus dos ventos, que lhe deu um saquinho com ventos, mas os companheiros abrem o saquinho e o barco vira de cabeça para baixo. Então desembarcam na maga Circe que é outro barulho. A maga logo que lhes vê lhes transforma em porcos, mas não a Ulisses; Ulisses é mais forte e não quer ficar porco. Então liberta os amigos e despede a maga Circe.

Mais tarde morrem todos, mas Ulisses ainda está vivo. Volta para casa, volta, mas um anjo faz-lhe envelhecer como um velho e lhe diz para não dizer nada que é ele. Mas o cão Argo nota e depois de trezentos anos á espera morre.

Volta para casa, volta, conta tudo ao filho que não me lembro como se chama. O filho é esperto, diz: "Oipá, não te preocupes, agora esfolamos-lhes como carnieiros!".

Então preparou uma bela armadilha, uma espécie de fundo falso. Era um arco duro que ninguém sabia fazer funcionar. Então todos os Porcos tentavam, faziam de palhaços, faziam-se de mafiosos, batiam estilo[2]! Mas nenhum conseguiu. Então veio Ulisses, e todos riam, chamavam-lhe de frouxo, mas ele consegue e todos fogem com medo, e Ulisses volta a ficar jovem e duro e as portas todas se fecham e Ulisses e o filho matavam com golpes na cabeça.

No fim lavaram o sangue do chão com uma espécie de vassourinha, e foram dormir.

---

[2] Davam-se ares

## O professor falou da Suíça. Sabes resumir os pontos mais importantes da sua explicação?

A Suíça é um pequeno país da Europa que faz fronteira com a Suíça, a Itália, a Alemanha, a Suíça e a Áustria. Á muitos lagos e muitas montanhias, mas o mar não banha a Suíça, e sobretuda Berna.

A Suíça vende armas para todo o mundo para se rebentarem mas ela não faz nem sequer uma guerrinha pequenina.

Com o dinheiro constrói bancos. Mas não bancos bons, bancos maus, especialmente drogados. Os delinquentes da Sicília e da China poem lá o dinheiro, os milhões. A polícia vai, diz de quem é o dinheiro, não sei, não te digo, é minhas cenas, o banco é fechado.

Mas não fica fechado! Aberto, fica!

A Suíça, se em Nápoles tens um tumor, em

---

³ Rato da fossa

Nápoles morres, mas se vais para a Suíça morres mais tarde, ou até vives. Porque as clínica são linda, tapete, flores, escadas limpas, nem sequer uma rata[3]. Mas paga-se muito, se não fazes contrabando não podes ir.

Assim já está boa, a redacção, ou escrevo mais?

## Cavour, Garibaldi, Mazzini: qual destes personagens do nosso Ressurgimento é o teu preferido e porquê?

Eu prefiro Garibardi porque é o herói dos dois mundos, e assim agora a Itália já não tem vergonha de ir para a América.

Garibardi eu sei o que fez. Ele partiu de Quarto al Volturno, mas não Quarto perto de Nápoles, uma Quarto mais longe.

Fez como se fosse a volta á Itália, até chegar em Marsala. Em Marsala encontrou mafiosos de Nápoles e das duas Sicílias e, derrotou-os.

Eram 1000.

Chamavam-se OS GARIBARDINI.

Eram 1000.

Eles vestiam-se todos de vermelho, como o Liverpul.

Depois subiram, subiram para a Calábria.

Na Calábria encontraram outros bandidos de Nápoles. E Derrotaram-nos. E subiram mais. Sobe, sobe, sobe, chegaram a Nápoles, mesmo no sítio onde estavam todos os mafiosos de Nápoles.

Como lhe viram, fugiram, fugiram uns para Gaeta, uns para Ischia, uns para Frattamaggiore. O rei chamou os mafiosos da mafiaria para lhe socorrerem, mas os mafiosos como saíram da cadeia, a Garibardi fizeram sair melhor do que antes e entretanto foram mafiosos mais mafiosos que antes.

Quando Garibardi ficou rei de Itália, fez ficar uns mil: uns príncipe, uns cavaleiro, uns estrutura. Aqueles que tinham disparado mal não sei o que lhes fez ficar, talvez guardas.

## 8 de Março é dia da mulher.
## Fala da condição feminina

Eu penso (e creio) que a mulher deve ser igual ao homem, porque não é justo que não é igual. No 8 de Março a mulher deve ser igual, ao homem!

Nesse dia todos os homens trazem mimosas para as mulheres, e também para os outros homens, mas eu conheço um homem que a uma mulher no 8 de Março lhe deu um pontapé. Foi meu paie que me contou.

Meu paie agora guia eléctrico, mas na altura era bombeiro. Então aconteceu que uma mulher do 8 de Março queria atirar-se para baixo do tecto, e chamaram os bombeiros. Meu paie era aquele que subia nas casas para não deixar gente se atirar dos prédios. Ele subiu, e quando se encontrou cara a cara com a maluca disse: "Mas tu porquê te queres atirar para nos dar trabalho a nós?"

Então ela pensou um pouco mais se se queria atirar ou voltar para a sala de visitas, e penso atirar-se. Mas também meu paie se atirou em cima dela e agarrou-lhe.

Quando desceram para baixo, um amigo do meu paie, que era bombeiro (mas de baixo) deu um pontapé á maluca pelo medo que tinha apanhado.

Eu se fosse aquele senhor o pontapé não lhe dava naquele dia que era 8 de Março, qualquer outro dia sim.

# Como passaste o verão?

O verão lhe passei este verão, na praia, em Rosilleco.

Diverti-me maningue, na praia. Tinha areia, areinho e o mar, em Rusilleco. Nós alugámos um guardasolzão, uma cadeira de descanso e a cabina. A minha irmã já vinha com o fato de banho debaixo, mas a outra não, por baixo não tinha nada.

Eu trazia sempre as forminhas, as bolas, o tamborinho, os pinos gigantes. Na verdade á bola não se podia jogar, mas a mim quem me matreca? Eu jogava na mesma!

Na praia fazíamos ondões, os jactos, os escarros, os saltos mortais, o morto. Fazíamos amêijoas na praia!

Quando eu corria pela praia toda a areia ia para a cara dos senhores que dormiam, e eles gritavam. Mas a mim quem me matreca? Eu corria!

Quando brincava zoto com Totore, ele caía sempre, e eu lhe gritava: "Molenga, caíste!", e estava feliz.

Depois o verão acabou, e eu estou sempre em Mugnano.

# Com a família á hora do almoço

Com a família á hora do almoço somos maningues, e então a mamã mete uma mesinha apartada[4], onde como eu e minha irmã. Nós na família somos maningues, estamos apertados á mesa, então a minha mãe estica a mesa que se estica, e deixamos de estar apertados.

Nós somos felizes quando comemos. Quando vem meu tio que é polícia, quer sempre que eu lavo as mãos, antes de comer, mas eu finjo que vou á casa de banhio, porque lavar as mãos é para matrecos!

Com a família na hora do almoço comemos isto: fajões, caldo de pulvo, pulvo, azeitonas e esparguete alla puttanesca, sopa de carnecozida, raú, esparguete com alho e auzeite, salteado, ervilhias, panquecas, alcachofra, murtadela, brocolinhos, armondegas, sasichas, panzerotto e zepolas, pizzas, puimentos, sangue de puorco,

---

[4] Á parte.

puorco, dióspiros, laranjas, atas e pêssegos.

Á minha mesa também se bebe. Bebemos isto: Vinho Gragnano espumante, gasosa, picolé, sevenup, Coca-cola, cerveja e Kool-aid.

Quando chega domingo papá traz bolos. Estes são os bolos que se comem á minha mesa: baba, profiterole, profiterole de chocolate e creme, palmier, cannoli á siciliana, delícia, folhadinhos, rabanadas e bolo-rei.

Agora quero dizer que não é que comemos todas estas coisas no mesmo dia, mas num ano.

No Natal quando vêm os avós e todos os parentes, á mesa não cabemos todos, então mamã estica a mesa que se estica, põe uma mesinha apartada para mim e minha irmã e põe mais umas duas mesinhas apartadas, para os velhos.

Quando eu digo a poesia de Natal nunca se entende nada, mas qualquer coisinha se entende, e por isso papá e tio metem a mão no bolso.

No Natal em minha casa bebem como puorcos.

# Narra o passeio que gostaste mais

O passeio que gostei mais foi domingo passado, que fui até à sucata[5].

Um dia antes meu tio tinha dito: "Se te portas bem esta noite, amanhã levo-te á sucata".

Eu então fiquei logo bonzinho, e o tio levou-me á sucata.

A sucata é linda. Onde quer que te vires, sucatas. Os carros estão um em cima do outro, um debaixo do outro, formam montanhas e parece que estas na Naedenlandia[6].

Meu tio procurava uma panela de escape um pouco gasta, até um pouco amolgada, não muito nova, bastava que deitasse fumo. Antes de entrar me disse: "Salvatò, vais ver que negócio faremos! Ninguém faz o teu tio de parvo! Ainda há-de nascer quem faz de parvo a teuo tio!"

Mas, mal acabamos de entrar, um cão preto

---

[5] Ao cemitério de carros
[6] Edenlandia, um grande parque de diversões de Fuorigrotta.

com uma coleira toda de bicos, correu para nós, e eu estava a morrer de medo. Então veio o dono (que também parecia ser um cão) e lhe gritou: "Liò, sai!", e Lione felizmente lhe deu ouvidos.

Enquanto meu tio procurava a panela de escape eu estava feliz.

Havia um monte de carros amolgados, faróis sem luzes, volantes parados, rodas vazias, mossas, as portas abertas, as matrículas sem matrícula; um automóvel estava dentro de um fosso e um menino mijava-lhe em cima.

Eu quando for grande serei homem da sucata.

Depois o tio voltou sem panela de escape na mão. E o cão e o dono ladravam contra ele, e ele estava todo chateado, e eu percebi que não tinha feito o negócio.

Quando contei tudo a papá, papá me respondeu que os burguesos de Benevento todos acabam mal, e então fiquei a saber onde tinha nascido o tio.

# Qual é o teu animal preferido?

Eu, o meu animal preferido, é o porco!

O porco é um suíno que vive na pocilga, é sujo, rebola e volta a rebolar no lodo e na nojeira, faz as cócegas sozinho. O porco gosta, de estrume!

A sua família é composta pelo javali que grunhe e pelo hipopótamo. Eu quando vejo o hipopótamo rio-me.

Para o porco o inverno é uma estação má. Em Janeiro, quando está bem gordo, chega a sua hora. É como se ele ouvisse uma voz no ar que lhe diz: "Vão-te cortar o pescoço! vão-te cortar o pescoço!", e então finca os pés no chão como os burros, e tenta não se deixar cortar o pescoço. Mas o homem vem na mesma, e lhe arrasta, lhe bate, lhe acocha[7] a cauda, e por fim lhe mata. Mesmo depois de lhe matar, não fica contente!

---

[7] Torce

Corta-lhe em mil partes, e lhe transforma em salsichas, presunto, bacon, cotela, cachaço, pé de porco, morcela, banha, até escova de dentes.

A mim é por isso que o meu animal preferido é ele, o porco, porque dele se faz tudo!

# Em que época gostarias de viver?

Eu gostaria de viver na idade da pedra, para dar maçadas.

De facto naquele tempo faziam muitas lutas. Se pertencias a uma tribo e outro pertencia a outra tribo, e se encontravam no meio do caminho, então, todos se olhavam na cara, e batiam-se.

A arma daquele tempo era a maça, e quem não tinha era morto porque sem maça não se podia defender. Quem não tinha maça se defendia com pontapés, os punhos, cabeçadas, as cuspidelas. Mas acabava por morrer na mesma.

No tempo da pedra os vulcões erupçavam sempre, a terra tremia, os animais mesmo se estavam saciados comiam-se entre eles, e fazia sempre mau tempo.

Não se tinha paz na época primitiva, e

todos eram porcos. Não se lavavam. Não se penteavam. Não faziam a barba. Nem as mulheres.

Um menino, mal nascia, já era um homem primitivo.

Não havia aquecimentos, não se sabia como passar o tempo livre, e então faziam-se gatafunhos nas paredes. Se um animal feroz entrava na caverna, logo lhe enchiam de maçadas e comiam-lhe, mesmo se era feroz.

Quando fazia calor no verão, de noite entravam em casa certos mosquitos pré-históricos maningue grandes, e não deixavam dormir, e o homem dizia palavrões.

Eu gosto da idade da pedra, porque fizeram muitas descobertas e invenções. Inventou-se a roda sem raios, a maça, a idade do bronze, as estacas sobre a água, o arado rudimentar, a pedra lascada. O homem naquele tempo começava a ser inteligente, mas ainda se parecia com os macacos.

Quando deixaram de parecer macacos transformaram-se em Egípcios, mas este é um outro capítulo.

Aqui está a redacção.

## É o dia do Santo do papá e ele está longe. Escreve o que te dita o teu coração

Querido papá, hoje é o dia do teu santo, eu te escrevo o que me dita o meu coração.

Querido papá, tu estavas desempregado, por isso foste para Turim! Porque estavas desempregado! Eu a Turim não querias ir, lembro-me; dizias que aquela gente não nos podia ver, que o clima era um nojo, a língua um nojo, o comer um nojo, que todos os turineses eram um nojo. Eu não querias ir a Turim, lembro-me, mas tiveste de ir á força. Depois escreveste-nos que nem todos eram um nojo lá em cima, que dois ou até três se salvavam! Menos mal, papá, assim agora estamos mais serenos.

Hoje é o dia do teu santo, eu te escrevo o que me dita o meu coração. Eu estavas desempregado, papá, por isso foste para Turim.

Quero-te contar uma coisa que aconteceu

estes dias. Ontem estava sozinho com a avó, quando bateram a porta. Eram as Testemunhas de Genova. Eu não queria deixar-lhes entrar, pensando que Genova fica perto de Turim, mas a avó abriu ela a porta, e aqueles entraram. Então sentaram-se e abriram uma espécie de maleta, tiraram fora um monte de livrinhos. Avó então queria pô-los na rua, mas aqueles falavam sempre esses, e de vez em quando levantavam os olhos para o céu como se estivessem para morrer. Avó então queria pô-los na rua outra vez, mas aqueles falavam, falavam, falavam sempre esses! Finalmente levantaram-se e foram-se embora, mas primeiro deram-nos jornaizinhos e avó lhes deu mil liras.

Papá, se tu estivesses aqueles as mil liras não teriam, porque tu não tinhas!

Querido papá, hoje é o dia do teu santo, eu te escrevo o que me dita o meu coração. Eu quero-te perto de mim, aqui em casa não se percebe nada, mamã e Taniello se discrepam[8] sempre e as galinhas fogem debaixo da mesa. Eu digo sempre: sorte a tua que estás em Turim!

---

[8] discutem

# Meu avô fala-me de quando era criança

Meu avô ainda está vivo, chama-se Ciruzzo, e ainda está vivo.

Ele conta-nos frequentemente sobre quando era criança. Quanto estamos á mesa ele nos diz que quanto era criança ele não comia, porque não havia nada para por na mesa, enquanto nós não, nós nascemos com o rabo virado pró céu, que qualquer coisa á mesa há sempre.

Meu avô conta-nos também da miséria preta dos seus tempos, dos sapatos que não tinha, das mãos cheias de calos, da lareira, dos cêntimos e da guerra. Ele me dá pena quando nos conta esta sua vida!

E quando vamos ao Euromercado ou ao GS, ele nos diz que não se viam todas aquelas coisas no seu tempo! Em casa dele não se comia nunca, estavam todos famintos, porque não havia nada para por na mesa. Depois veio o bombardeamento e até a mesa se partiu.

Esta redacção fala de quanto meu avô era criança. Quanto meu avô era criança, dava no duro para burro para trazer o pão de cada dia para casa, e ia também para a escola. Na escola para dar-te dez não era como agora, que te dão logo, naquele tempo, para dar-te um dez, te faziam suar!

Depois teve até de desistir dos estudos porque eram tempos das vacas magras, e a família não apanhava dinheiro nas árvores; então fez de garçon de padeiro, e assim conseguiram safar-se.

Ele depois quando era grande comprou a mesa, e conseguiu comer; mas ele não esqueceu a sua vida triste, e quando se zanga, em vez de dizer "morte maldita" diz "vida maldita", e eu entendo que quer morrer.

E esta é a redacção do meu avô.

# Apresenta o teu pai

Meu pai é caixeiro, vai apanhar cartão á noite. Algumas vezes eu também lhe acompanho, e vamos de furgoneta.

Meu pai não sei quantos anos tem, mas não é muito velho: um pouco é também novo!

Ele de manhã tem outro trabalho, depois á tarde reentra; dorme um pouco, come, e depois sai de noite para fazer as caixas.

Meu pai não é tão velho, mas é careca, tem cabeça de ovo.

Domingo leva-nos á missa, e gosta de nós. Nós na praça brincamos com as outras crianças, depois ele compra um cartucho de bolos.

Meu pai é muito pobre, as caixas não bastam, por isso pega-se sempre com minha mãe.

Na Páscoa ele traz para casa o carniero para matar, mas ele nos dá sempre pena, e por

fim lhe oferecemos sempre. E assim ele pega-
se outra vez com minha mãe que lhe diz: "Ma
purquê fa a traz todsanos sto carnei cun tigo,
se despois nun teins nunc coragi do matá?! Eu
matut eu a ti!"

# O que gostarias de ser quando fores grande?

Eu, o que gostaria de ser quando for grande, não é uma profissão só, mas tantas. Gostaria de ser soldador, ferreiro, ambulante. Meu pai é ele que faz todas estas coisas, por isso eu quero ter estas profissões!

Mas eu não sei bem a profissão que quero quando for grande. Às vezes quando meu pai ganha bom dinheirinho, eu quero ter essas profissões, outras vezes, quando insulta o padreterno que não trouxe uma lira, então não quero ter essas profissões.

Quando Giovanni me matreca gostaria de ser o carrasco. Tenho a certeza que se fosse carrasco me sairia bem.

Uma outra profissão que gostaria de ter é senhorio. O senhorio é feliz, eu vejo que ele é feliz! À frente da minha casa mora um senhorio, e está sempre a assobiar.

Minha mãe diz que não importa o que eu quero ser quando for grande, tenho antes de pensar em estudar. Que se não tiro pelo menos o diploma primário, nem varridor poderei ser; mas a um varridor que estava no meu beco perguntei se tinha, e ele me respondeu: "Puto, fica mas é na tua!".

A mim não interessa a profissão que terei quando for grande, basta que paguem. Meu pai diz que sem pilim[9] não se faz nada na vida, e quando diz isto olha-se com uma cara de nojo à frente do espelho, eu entendo que está já já para se cuspir na cara, e me dá pena...

---

[9] Dinheiro

## Descreve a tua casa

A minha casa está toda escangalhada, os tectos estão escangalhados, os móveis escangalhados, as paredes escangalhadas, a casa de banho escangalhada. Mas vivemos lá na mesma, porque é a minha casa, e dinheiro não há.

Minha mãe diz que o Terceiro Mundo não tem sequer a casa escangalhada, por isso não nos devemos queixar: o Terceiro Mundo é muito mais terceiro do que nós!

Agora que penso nisso, na minha casa não faz mal como vivemos na minha casa! Numa cama dorme toda a família, e nos damos caneladas debaixo do lençol da cama, e assim rimos. Se vem um hóspede e também ele quer dormir, nós mandamos embora de casa, porque não há mais lugar na cama: está tudo esgotado!

O que comemos mete nojo, cuspimos na cara uns dos outros quem deve comer, e vestimos com remendos atrás. Eu sou o mais limpo de todos, porque consigo entrar na banheirinha.

Ontem pusemos campainha nova.

Quando os meus amigos vêm ter comigo, riem sempre da minha casa toda estragada, mas no fim brincam sempre com as minhas galinhas!

Eu gosto da minha casa escangalhada, afeiçoei-me-a, me sinto escangalhado também eu!

Mas se vencerei a raspadinha dos milhões, comprarei uma casa toda nova, e aquela escangalhada vou oferecer ao Pasquale.

# Qual é o teu personagem histórico preferido?

O meu personagem histórico preferido é Calígula, porque era maluco. Tenho simpatia pelo Calígula pelas suas maluquices! Ele nomeou senador o seu cavalo, comeu o filho para fazer como Saturno, ele enfileirou o exército á beira mar e depois disse que era tudo brincadeira, porque tinha inventado o inimigo, ele queria ser adorado como um deus.

O outro meu personagem histórico preferido é a cabeça de João Baptista. João Baptista não era maluco como Calígula, mas um pouco burro, porque gritava no deserto onde ninguém podia escutá-lo. Ele jejuava sempre, depois, no domingo, comia bagas, raízes e insectos. Quando lhe cortaram a cabeça puseram-na num prato raso.

Agora eu gostaria de dizer uma coisa que

não tem nada a ver com a redacção. Há um outro personagem que acho muito simpático, mas não é um personagem histórico, mas gostaria de dizer na mesma, porque sempre é um personagem...! É Benino ou Benito[10], aquele pastor que se põe no presépio. Benito ele é-me maningue simpático, porque dorme sempre, e não lhe importa nada de tudo aquilo que acontece á volta.

Aquele parece-me o personagem mais feliz de todos os personagens históricos!

---

[10] Benito: um pastorzinho adormecido, figura clássica do presépio napolitano.

# A terra ou a cidade onde vives

Chama-se Arzano. Em Arzano todos estão sujos, não se lavam; as ruas estão todas escangalhadas, os prédios velhos e terramotados, só há mundície e seringas drogadas! Tommaso atira-se nos bidões da mundície, depois vem á escola e nos passa piolhos. Em casa dele ninguém se lava. Tiêm um cão todo sujo que anda pelos quartos.

Em Arzano não há nada de novo, tudo é velho. Não há verde, não há fontezinhas, os prédios caem de tão podres.

Em Arzano há um monte de becos, que lhes chamam ruas, mas são becos, eu notei. Há a rua Petrarca que é um beco, rua Dante que é um beco, rua Pascoli que é um beco. Todas são becos.

Quando chega domingo meu pai diz que raios fazemos nós nesta terra fedorenta, vamo-nos pelo menos para Nápoles! E assim nos vestimos e vamos para Nápoles. Vamos ao bosque de Capodimonte. Fazemos merenda!

Mas depois quando voltamos estamos outra vez em Arzano. Certos jovens fora do bar estão todos espapachados: são bandidos! Aqueles pensam que Arzano é toda deles! Eu digo: e fiquem lá com ela esta cidade de becos e mundície!

# Uma visita ao Camposanto

Quando fui a Camposanto estava triste.

Antes de partir para Puceriale[11] ria sempre, em casa brincava. Mas era o dia dos mortos, e meu pai mi tinha dito que eu devia estar triste, porque era o dia dos mortos, e então eu fiz de contente fiquei triste.

Em Camposanto não é como um cemitério de verdade: certas pessoas que se encontra, até estão alegres. Eu vi um monte de pessoas que não choravam; uma até assobiava.

No Camposanto todos mortos. Anda-se no meio dos mortos. As ruas têm todas nomes de mortos, ou que ainda devem morrer.

Mas o nosso morto não se encontrava. Era uma campa que papá não se recordava mais que campa era.

Andámos às voltas todo Camposanto, mas

---

[11] Poggioreale

45

a campa não saía.

Eu tinha sempre sede, mas me papá dizia que até que o morto não saísse eu não bebia.

Ele debaixo do sol dizia palavras feias de raiva, mas por fim a campa saiu. Era uma campazinha que se supiam um monte de escadas, e eu até esdava para cair. Estava a avó naquela campa, e eu queria chorar. Mas não me vinha, porque eu a avó nunca cheguei a conhecer (mas, papá sim).

Na saída eu lhe disse que não quero morrer nunca, mas ele respondeu que, mais tarde ou mais cedo, todos nós devemos morrer.

Agora eu gostaria de dizer só uma coisa: antes de morrer eu, antes deve morrer Giovanni!

# Descreve a tua escola

A minha escola é velha, escangalhada, cheia de buracos nas paredes. As salas de aulas estão sujas, sem quadro, com as carteiras todas estragadas. Se abrirmos as gavetas nas salas saem aranhas. As pias estão todas estragadas, na torneira não sai água, as pias fedem.

Os contínuos não fazem nada desde manhã até a noite, o director é um parvo que não sabe mandar. Ele tem medo das mães que são megeras e dos contínuos, que são todos delinquentes.

Na minha escola quem manda é o guarda. O guarda é uma espécie de bandido e todos tremem á frente dele. As crianças estão mal acostumadas, mijam no lavatório, entopem as pias.

A minha escola é um inferno. Ela chama-se Escola primária "Niccolò Tommaseo".

## A chuva é benéfica, mas...

A chuva é benéfica, porque faz parte do ciclo da água. O mar ferve debaixo dos raios do sol, e depois evagua, e se transforma em nuvens que se transformam em chuva. Quando chove todo o ar é mais fresco, as árvores estão mais frescas, a terra mais fresca, o mar mais fresco, as estradas mais frescas. Também nós nos sentimos mais frescos, as vezes frios.

No verão a chuva é benéfica. Toda a natureza tem sede, e se não chove nunca tem mais sede; mas depois vem, essa, e a natureza se liberta do calor. Os camponeses levantam a enxada no ar e riem felizes, e dizem para a água! Vem água! A mulher também ri, mas sem enxada.

Quando vem o inverno a chuva é benéfica para África, onde é sempre Agosto, mas em Arzano não é benéfica: é maléfica!

Agora vos explico porque é maléfica.

Quando chove, em Arzano, se alaga toda Arzano.

As ruas transformam-se em rios, mares, cascatas, fontes, e ninguém pode circular mais.

Um carro que entra em Arzano que chove, vai ao fundo.

As tampas de esgoto patanham no ar e fervem d'água, os ratos fogem dela.

Na minha casa quando chove em Arzano, chove ainda mais. Na minha casa existem duas Arzano. Escorre de todos lados, e eu não posso estudar: os livros se ensopam. Quando vamos á casa de banho, e em Arzano chove, é melhor não irmos á casa de banho, se chove em Arzano! Na verdade, se estamos sentados na sanita, é melhor que façamos só as necessidades menores assim nos escorre só um meio litro de água na cabeça, mas se fizermos as necessidades maiores (e especialmente meu pai, que leva para lá o jornal) então escorrem-nos dez litros de água na cabeça!

Quando a chuva acabou, toda a casa sabe a mofo. Toda a família sabe a mofo: fedemos a água! Minha mãe com uma espécie de balde recolhe toda a água dos quartos, meu pai olha as paredes podres, minha avó lhe fazem tirar da frente os pés. Eu então saio, porque estão todos malucos das nervuras, e me podem bater por sem nada.

É por isto que as vezes não estudo porque chove.

# O fenómeno da droga

Eu só tenho dez anos, mas já há quatro-cinco anos conheço o fenómeno da droga. Já quando ia á creche minha mãe me dizia para nunca aceitar doces drogados de ninguém, nem que seja a professora ou o director a oferecer-te. Mas uma vez a minha professora me ofereceu um, e eu me esqueci que estava drogado, e comi na mesma, mas estava bem.

A droga é um veneno que mata todos, até os velhos, mas mais os jovens; é uma coisa muito doce, como açúcar, mas não bem. Ela primeiro te deixa feliz, depois ficas burro. Nos teus olhos vês tantas borboletas, cores, arco-íris, e queres voar. Depois acaba tudo e só vês Arzano.

Para ter um grama de droga é preciso gastar dez milhões, mas os drogados são todos pobres, e então roubam, destroem, atiram a mobília ao ar para ver se tem dinheiro que o pai escondeu por trás da mobília, fazem de assaltantes, matam o pai e a mãe.

Eu conheço um drogado, mas não posso dizer o nome, Giovanni também conhece, e se quer ser ele a dizer o nome é melhor. Este drogado mora á frente da minha casa, e quando desce de manhã não está drogado, tem os olhos normais, e me cumprimenta. Depois á noite vai-se drogar perto do Campo Desportivo, onde a luz está estragada. Ali faz-se a seringa juntamente com Quagliariello e Masone, e quando volta para casa anda como um Zombi.

A mim os drogados metem pena, mas tenho medo. Mas uma vez tinha quinhentas liras no bolso, e atirei para um drogado que dormia no chão, e depois fugi. Eu aos drogados as vezes lhes dou dinheiro, mas aos ciganos não. A mim os ciganos me metem mais medo!

## Passeando pelas ruas da cidade...

Passeando pelas ruas da cidade é melhor se eu não vou passear. Na verdade eu não moro bem bem em Arzano mas em Casavatore, que é uma terra que fica bem perto. Em Arzano está a avó e eu moro com ela, mas depois mais tarde vou para Casavatore, uma terra que fica bem perto.

Em Casavatore há sempre guerra. Até no domingo. Matam-se quando se vêm. Se um está para morrer no chão antes de morrer atira uma faca àquele que lhe matou mesmo do chão!

Quando sou obrigado a sair em Casavatore tenho medo. Certas ruas são escuras. Certas ruas são pretas. Em Casavatore matam-se por qualquer parvoíce. Um guarda que deve assobiar a um que passa com o vermelho faz de conta que não vê. Se vê matam-no. Aquele guarda é meu tio.

Em Casavatore não é como em Nápoles. Não tem praia, mas se quiseres dar quatro passos em Casavatore e ver o mar, podes ir a Nápoles.

Tem lojas, bar, pizzerias, a igreja, os jardinzinhos, as pessoas. Tem uma linda fontezinha e todas as crianças bebem. Esta fontezinha fica á frente da minha casa.

Quando chove em Casavatore a gente desce com o guarda-chuva novo.

Em Casavatore eu passeio pela cidade quando é a festa de Nossa Senhora de Casavatore, e vem a banda.

Quando chega o verão se sua muito em Casavatore, e a gente não sai pelas ruas; se não sua mais sai.

Eu no verão não passeio pela cidade, vou á colónia.

**Milão, Roma, Nápoles são as três cidades
mais importantes da Itália.
Recordas-te das suas características?**

Milão, Roma, Nápoles são as três cidades mais importantes da Itália. Recordas-te as suas características? Sim.

Comecemos por Milão, que é a mais alta. Milão é a capital da Lombardia. Essa como o Piemonte não tem praia, mas tem as montanhas. Milão é a cidade mais rica e grande da Itália: ali se manda a todas as indústrias de Itália. Todas as indústrias estão todas em Milão, também o livro, Ler em V. Em Milão a gente é toda rica, um é mais rico que o outro, não existem pobres. Um pobre que pede esmola em Milão, não é de Milão, é de Foggia.

As pessoas não se olham tanto na cara em Milão, um vizinho de casa é como se fosse um afastado de casa!

Se cais de cara no chão em Milão e em Bergamo ninguém te levanta: te deixam na rua, sobretudo em Bergamo alta. Em Nápoles não, te levantam.

Em Milão há sempre neve, frio, névoa, humidade; os panos no estendal não secam nunca, só em Ferragosto!

E agora quero falar de Roma.

Em Roma são todos engraçadinhos. A Roma por uma vez que ganhou a taça, são sempre engraçadinhos. Mas são também um pouco simpáticos. Esses chamam-se de "primo".

Roma é a capital do Lazio e a capital da Itália. Em Roma fica o Estado e há também o Papa, e mandam os dois, mas o papa a todo o mundo. O papa nunca veio a Nápoles por medo que lhe pedem dinheiro.

Roma está cheia de monumentos, Milão não, só um. Em Roma há as ruínas de Roma. Nero não incendiou, disse-nos o nosso professor.

Roma é maningue grande, mas também é suja.

E agora quero falar de Nápoles.

Eu uma vez fui a Nápoles. Estava limpa. Mas talvez não vi bem. Em Nápoles estão todos os ladrões, bandidos, assassinos e drogados. A praia é uma latrina. Vendem as coças usadas. Uma criança de Arzano se se perde sequestram-lhe. Se vem um terramoto de um minutinho as casas logo se esfarelam. Os desempregados são um milhão e meio. Há vinte filhos numa só casa. No tráfego buzinam feito loucos. Há a camorra no Duomo.

Eu de todas as três as cidades não gostaria de ir viver em nenhuma de todas as três as cidades.

# Vou contar-vos um sonho

Eu não me lembro se sonho todas as noites, mas lembro-me que: quando faço pesadelos sonho a escola ou então que caio da montanha lá da terra, e quando não faço pesadelos não sonho a escola e não caio da montanha lá da terra.

Certas vezes sonho também o meu aniversário ou então que mudo de casa.

Mil vezes sonho que mudo de casa, mas já que vos conto, mudei de casa e até de terra.

Eu sonhara que íamos para Frattamaggiore. Lá em baixo do nosso prédio tinha vindo o camião do transporte, e o mestre gritava: "Descm, descm! Venhum dipress a trazr stá coisa abasc, cá yeu já fasç noutro carg!"[12]. Eu estava feliz de felicidade que ia finalmente embora da minha casa, de tanto que era velha!

---

[9] Desçam, desçam! Tragam essa tralha para baixo depressa que tenho outra carga a fazer.

Então para ser mais rápido me meti nos ombros toda a mobília, e descia devagar devagarinho as escadas. A mobília pesava maningue, e meu pai me queria ajudar, mas eu queria fazer tudo sozinho. Os porteiros me queriam ajudar, mas eu queria fazer tudo sozinho. Eu tinha a força de um monstro!

Depois desceu toda a família nos metemos todos no camião, eu estava atrás, sentado na mesa. Quando partimos toda a povoação nos saudava: Pecorella, Tanino, Papela, Caracortada, os Coloniais, o dono da Tabacaria, Alegrias dos Pequenos, Michele, o Grelhador, o dono do Talho, do botequim de Ernestino. Eu cumprimentava a todos com um remendo que tinha encontrado e estava feliz. Depois de repente a casa caiu como um pano podre e fomos a tempo a tempo de não morrer.

Em Frattamaggiore não tinha força e a mobília trouxe o mestro enquanto eu subia as escadas, e eu estava um pouco cansado. As escadas não acabavam nunca e eu estava ainda mais cansado. Mas depois também acabaram, e entrei na porta aberta. Havia uma Sol e uma luz maningue grande, as salas eram maningue grandes e maningue altas, os pavimentos todos inteiros: nem uma galinha sequer!

Eu pensava que estava no Céu.

Depois minha mãe abriu uma janela que não acabava nunca e abeirou-se: havia o mar! Eu via todo o mar, que não acabava nunca, parecia-me todo o mar do mundo, os barcos, os navios, o mar...

Mas quando estava para ver uma outra coisa, o sonho acabou, e eu estava ainda cá.

# Aproxima-se o inverno...

Quando o inverno se aproxima eu compreendo que o verão acabou mesmo. Até que não se aproximava, os dias na praia não me pareciam tão distantes, mas quando o inverno bate às portas então as minhas férias me parecem muito distantes.

O ar mudou, já não faz calor, a gente põe panos compridos, começa a abrir o guarda-chuva até quando não chove. Certa gente põe sobretudo e pelúcia de animais mesmo se não faz frio. Mas faz um pouco!

Quando o inverno se aproxima não é tão bonito, porque não se sabe bem o que vestir, ou se se deve ir ao cinema ou não. As pessoas se perguntam sempre se convém dar um passeio fora ou se é melhor que se faça dentro. Os dias nesses dias encurtam, o sol se encurta. Os telejornais começam a falar das agruras do mau tempo, sobretudo em Milão e Turim. Em Nápoles o mau temo é só um pouco mau.

Para os ricos o inverno não é um problema enquanto para os pobres sim. Em Cardito há uma família que quando o inverno chega a casa se esponja e os filhos não têm como vestir-se para o inverno, e estes filhos são doze filhos! A menina da Associação Católica do meu prédio (Enzo, tu conheces) faz sempre a colecta de dinheiro e lhes dá.

Em Arzano quando faz granizo as barracas perto do Cemitério ficam só buracos e as famílias não sabem o que fazer. Depois quando vem Agosto transformam-se de fogo, porque não são barracas de madeira mas como fosse ferro.

Na minha casa temos os termossifões e não nos morremos de frio, e não nos escorre na cabeça, mesmo quando rebenta um dilúvio. Meu pai na verdade trabalha na Sip.

# Conta como passaste as férias do Natal

Eu não vejo a hora que cheguem as festas de Natal, já não aguentava. Tinha estudado maningue, mesmo que não correu tão bem na mesma na escola, e não aguentava mais que terminava a escola e começassem as festas de Natal.

No Natal era lindíssimo, a coisa mais linda do mundo, eu gostaria que não acabasse nunca Natal, de tão lindo que é.

Um dia antes chegou Michele que faz de polícia em Milão e toda povoação conhece desde que era pequenininho. Ele subia e mamã descia. Depois desceu meu pai, e também o avô e todos lhe abraçavam pelo meio das escadas. Michele chorava, minha mãe chorava, meu pai ria. Também eu queria lhe abraçar, mas todos assim no meio das escadas não nos cabíamos.

Depois ele subiu, e todos subiram e eu também subi, até porque não tinha descido tanto. Michele disse que ele nunca matou a ninguém mas que lhe estavam a matar a ELE!! Então mamã disse nun pienses niss mor, piensa só em ti ripusare. E Michele se repusou.

Á mesa da vigília havia mais de um restaurante na minha casa! Na minha casa quando é Natal comemos mais que um restaurante, Alfonso sabe, não sabes?

Michele comia, comia, e quanto comia de vez em quando dizia na cara daquele que me queria matar, e mamã dizia miché nun pienses niss, comm! E Michele comia.

Depois eu disse a poesia de Natal e levei uma lambada de mamã, mas dinheiro nada. Na minha casa são todos agarrados, até no Natal. Eu na altura pensava que quando lessem a cartinha de Natal qualquer coisa nos saía, mas são agarrados até com as cartinhas!

Depois veio o Fim do Ano. Michele fazia de engraçadinho, fazia de engraçadinho ele, porque dispara sempre, e os petardos queria ser só ele a usar. Comprou dez quilos de petardos: eram traques, paixões, petardos, foguetes, bombas, fuia-fuia, e quando ele disparava aqueles quilos dava abada a todos outros petardos do beco.

A esquecia que comemos o eiró.

Nos Reis Michele já não estava mas antes de não estar mais me disse que o Pai Natal não existe, que é mamã e papá, eu lhe dizia miché iss seieu a trintanos!

O Pai Natal me trouxe um remoto controle e canetas de feltro, e nada mais, porque são agarrados.

## Já tiveste alguma experiência de trabalho?
## Se sim, conta as tuas impressões

Uma experiência de trabalho tenho sim, porque vou trabalhar na oficina mecânica detrás da escola. De manhã vou á escola e á tarde vou bulir. Me dão trinta mil liras por semana, mais pancada quando mereço. Não faz mal como tenho o dinheiro, porque conheço um que bule como eu e abusca só vinte mil liras. Eu gosto de fazer de menino do mecânico, quando for grande também eu abrirei uma oficina. Eu já de agora queria meter as mãos no motor, porque conheço bastantemente, mas ainda não me deixam, porque só tenho doze anos, só o patrão faz.

Na oficina limpo o chão e arrumo as peças ou vou fazer serviços fora, como comprar peças sobressalentes. Certas vezes o patrão me manda comprar peças á frente do cliente, e diz alto alto para ser ouvido: "Vai ao autosobressalente", mas em vez disso está combinado comigo e com aquele da sucata, que vou ter com ele e ele me dá uma peça velha toda polida e numa caixa nova.

A propósito de sucata gostaria de dizer uma outra coisa que não tem nada a ver com a redacção. Professor, sabeis o que faz a sucata de don Pasquale? Vão certos homens seus com um camião disfarçado de reboque, buscam carros novos e levam até á sucata, onde lhes batem e esmagam, lhes fazem aos pedacinhos pedacinhos, e depois vendem os pneus, as baterias, o volante, os faróis, etecetera.

Gosto do meu trabalho não tem mal. Mas as vezes quando param os polícias o patrão me faz esconder porque sou menor[13] e não poderia bulir.

Eu, das trinta mil liras que tenho, quinze dou em casa e quinze pego para mim. Vou ao bar jogar flipper, vou ao cinema, faço apostas na bola. Se resta alguma coisa poupo para o jogo.

---

[13] Isto é, menor de catorze anos, idade mínima consentida para trabalhar.

## O professor falou-te dos problemas do Norte e do Sul. Saberias falar deles?

Eu posso falar muito bem dos problemas do Norte e do Sul, porque meu pai não é napolitano, mas vem de Ferrara, que é uma cidade do Norte, e nos contou tudo da sua terra. Na verdade ele não nascera em Ferrara mas em Milão, depois por motivos de trabalho lhe mandaram para Ferrara, depois por outros motivos de trabalho lhe mandaram para Arzano.

Os primeiros problemas do Norte são estes: em Ferrara, como virasviras, acabas sempre á frente do Castelo; ele ao contrário em Milão as ruas eram imensas. Depois nem falemos quando veio para Arzano! Estava sempre nervoso, porque como virasviras, em Arzano não encontras nem o castelo!

Mas no Norte o problema mais grande não

é o Castelo, mas o mau tempo. No Norte o mau tempo é sempre mau, chove e neva sempre, as pessoas se levantam húmidas. No Norte há uma neblina terrível e há acidentes um atrás do outro. A gente pelo mau tempo gostaria de descer toda para Nápoles, mas a mudança é difícil.

O Norte não tem outros problemas: meu pai diz que a gente é rica, educada e civilizada, e que os automóveis param no vermelho e os machibombos nunca estão cheios. A ele parecem mil anos que volta lá, mas agora não há nada a fazer, aqui deve ficar!

No Norte nos tratam como os animais. Se alguém deita papel no chão logo dizem que vem de Nápoles, sem saber se vem. Eu sei quem vem de Nápoles (ou de Arzano), mas eles, que sabem eles?

Agora vos falo dos problemas do Sul.

Os problemas do Sul é que são todos pobres e há muito desemprego por aí. Há mais desempregados do que não, e muita pobreza por aí. Os problemas são um pouco muitos no Sul, e eu não posso escrever todos; agora farei só uma pequena lista dos problemas:

1º Miséria

2º Desemprego

3º Falta água

4º Buracos nas estradas

5º Camorra

6º Terramoto

7º Poluição (mas mais no Norte)

8º Droga (mas também no Norte)

9º Miséria

10º Machibombos que não passam

11º Delinquentes

12º Não tem sítio para parquear o carro

13º Maningue subidas

14º Dialecto

15º As escolas não funcionam

16º As escolas não têm bancos

17º As escolas não têm armáriozinhos

18º Numa casa que conheço dormem três numa cama

19º Sujidade

20º Outros problemas


Fim

# Fala do teu professor

O meu professor chama-se Marcello D'Orta, e é meu desde a primeira classe, quando andava na creche não era meu.

Eu gosto muito dele, porque ele é bom e nos aprende um monte de coisas. Ele é obrigado a nos bater, porque nós não lhe obedecemos. Ele tem a aparente idade de trinta anos, mas é um pouco mais velho uns cinco. Usa barba e óculos. Usa os cabelos um pouco castanhos um pouco loiros. Usa os olhos celestes e verdes. No verão vem bronzeado, no inverno não. Ele é um pouco alto e um pouco baixo, brinca connosco e é obrigado a nos bater.

Ele não concorda muito com as outras professoras, porque as outras professoras gritam sempre e batem estilo e quanto mais velhas mais batem estilo, e fumam sempre nos corredores, e não sabem nada.

O meu professor explicou-nos certas coisas que "não é que sabem essas coisas, as outras professoras!".

O meu professor é muitíssimo bom a fazer desenhos, e todos vão ter com ele, mas não sabe fazer os trabalhinhos de Natal e da festa da mamã, e as mães torcem o nariz.

Ele nunca quer nenhum presente no fim do ano, mas nós damos na mesma. Eu este ano lhe trarei um presente que pagarei 10.000 liras, e mamã fará metade metade com a mamã do Armandinho.

# Se fosses milionário...

Se fosses milionário não faria como Berlusconi, que guarda tudo para si e não dá nada a ninguém e só faz filmes porcos. Eles não pensa nos pobres. Ele é milionário só para si e a sua família, mas para os outros não é. Eu se fosses rico como ele faria o bem, para ir para o Paraíso.

Se eu fosses milionário daria tudo aos pobres, aos cegos, ao Terceiro Mundo, aos cães vadios. Em Caivano há um monte de cães vadios que se dispersam pelas ruas. Eles quando vão nas férias lhes espalham, e aqueles vão debaixo dos carros.

Eu se fosses milionário construirei toda Nápoles nova e farei estacionamentos. Aos ricos de Nápoles não darei uma lira, mas aos pobres tudo, sobretudo nos terramotos. Depois mandarei matar toda a camorra e salvarei os drogados.

Para mim comprarei uma Ferrari Testarossa verdadeira, uma mansão e uma empregada para mamã. A papá não farei ir mais trabalhar mas farei estar na reforma a repousar-se, a Nicolino lhe comprarei roupa e uma 126, a Patrizia todos os discos da Madonna. Depois comprarei um carro novo também para o meu professor, porque o seu está todo amolgado, e por fim gostaria de ir a Veneza para ver Veneza. Enfim gostaria de falar com Maradona e convidar Madonna para a minha casa, para a minha irmã Patrizia.

Eu tudo isto poderei fazer, se vencerei o bilhete de Agnano que papá comprou.

## No dia em que o médico me veio ver ...

Quando eu caio doente são problemas para toda a casa, mas também quando cai doente Peppino são problemas para toda a casa. Na verdade o médico que nos vem visitar não é tão bom, um monte de vezes toma uma doença por outra, e meu pai tem de chamar um outro médico que tem de pagar salgado e depois diz palavrões.

Quando vem o médico que não acerta, papá já sabe que não acerta, mas tenta na mesma; diz: "Esperemo ca desta veiz sto tont entend cocoisa...", mas ele outra vez não entende. Ele não diz que não entendeu! Ele diz que entendeu! E me dá os remédios; mas depois de cinco-seis dias eu esto tal e qual antes, ou então ainda pior, e então papá chama o segundo médico.

O segundo médico se chama doutor Arnone, e ganha cem mil liras!

Papá disse que um dia destes cospe na cara do primeiro médico!

O primeiro médico se chama doutor Nicolella[14].

Papá dinheiro para o segundo médico não teria, e certas vezes deve fazer dívidas. Depois zanga também quando tem de pedir ao irmão e este diz: "Mas tinhas mesmo de chamar o doutor Arnone?".

A família do meu pai é agarrada. Só fala. Um diz que se ele fosse rico a meu pai lhe daria um monte de milhões, porque lhe dá pena, ele por ele nos compra um carro novo, porque o nosso está todo escangalhado. Mas não apanhamos nem sequer uma lira nem que lhe matem. Papá lhes mete nojo.

Quando vem o primeiro doutor visitar-me, faz logo, e não entende nada. Quando vem o segundo médico toda a família treme. Giuseppe vai fazer chichi. Ele não diz uma palavra,

---

[14] Por motivos óbvios, os nomes dos dois médicos foram substituídos por outros.

me parece um morto. Ele me visita caladinho caladinho, a família treme e não diz uma palavra por medo de disparatar. Ele é maningue alto, e quando fala nos borramos de medo. Mas adivinha sempre a doença.

Quando sai pela porta meu pai insulta a Virgem e parte tudo.

Eu na cama choro porque foi culpa minha.

## Apresento-vos a minha sala de aulas

Todos os anos trocamos de sala e todos os anos a nossa é sempre a mais feia de todas. O meu professor nos disse que a culpa é sua, mesmo que ele não possa fazer nada. Ele diz tudo a nós, não tem segredos, e nos disse porquê é culpa sua.

Ele nos disse que no princípio do ano, quando se distribuem salas, explode um inferno entre os professores. Cada um quer a sala mais bonita e mais nova, sobretudo as professoras velhas. Se insultam, discutem, se dão mau olhado. O meu professor pensa que eles são todos bárbaros, e não se mete no meio. Então, quando vêm que ele não diz nada por ele próprio, tomam-no por tanso (com o perdão da palavra) e lhe dão sempre a sala mais nojenta.

Na primeira eu era maningue pequeno, e não me lembro do que nos estava em falta;

na segunda os termossifões não aqueciam e nós quase nos batíamos as botas de frio; na terceira lembro-me que nos deslocávamos sempre e não ficávamos em paz; na quarta o armariozinho estava podre e saíam baratonas para dentro; na quinta, que é este ano, temos as cadeirinhas dos pequeninos.

A minha sala está sempre suja: não varrem, não limpam, os cestinhos do lixo estão sempre cheios. Os contínuos são todos da camorra e não querem fazer nada. O director lhes grita e eles lhe furam as rodas.

Faz bem o meu professor que se quer ir embora para o Norte. Eu quando for grande vou-me embora para o próprio Polo Norte!

## Se tivesses a possibilidade de viajar, onde gostarias de ir?

Na América, onde está Rambo. Na América há um montão de dinheiro, na América se é se maningue ricos, as estradas autoestradas, as pontes, os carros grandes, a políccia grande. Nunca não sai água, as casas arranha-céus, dinheiro.

Rambo mata a todos.

Rambo é maningue forte, lhes mata aos inimigos.

Na América está meu tio, mas ele não lhes sova aos negros.

Tio quando partira era um pobrehomem, da América quando voltar volta com a cadillaca branca, e não passa no beco. Faz prédios na América, lhes faz.

Eu também irei ter com ele, para fazer dinheiro, os dólares.

## A água é uma dádiva preciosa de Deus.
## Fala dela...

A água fresca.

A água é uma dádiva de Deus: eu sei que é fresca quando chove, quando desce do riacho, da fonte, e forma a água. O mar, os rios, os mares, os lagos, as cascatas, o Pó, sempre água são!

Da água tira-se a corrente. As indústrias aquáticas a caçam de dentro da água, e transforma-se na luz, a estufa, a tomada, a televisão, a lâmpada: mas é sempre água.

Se Jesus não mandasse a água, um estrilho. As plantas se murchariam, as árvores murchas, a terra tem sede, os animais morreram, eu morri.

Mas a água não serve só para beber água, também serve para lavar-se:

1) a cara

2) os pés sujos

3) o cabelo

4) todo o corpo

depois serve também para fazer a auto-lavagem do carro, para atirar para a massa, para fazer a barba, para fazer a Kool-aid.

A água é uma dádiva de Deus, mas na Calabria não têm, no verão.

# Apresenta-te a ti próprio

Chamo-me Enzo quarto[15] e nasci em Nápoles, mas vivo em Arzano, onde nasci. O dia que nasci não me recordo, mas á cerca. Tenho dez anos, e vivo em Arzano, rua Traversa Santa Giustina nº 3.

A minha estatura, para a minha idade, é muito baixinha e também um pouco gorda. O meu rosto é oval, mas mais do que vossemecê. O meu colorido é pálido, mas no verão não. Tenho olhos pretos, iguais.

Já sei trazer a mota, um dia destes venho lá em baixo á escola para mostrar a vossemecê.

Eu sou um pouco bom e um pouco mau. Quando sou bom sou bom, quando mi irritam, maningue mau. Quando a minha irmã me arrancou os livros eu parti-lhe os óculos, menos mal que mi enganei que eram só os da avó, senão papá me estropiava.

---

[15] Ensinando numa turma em que cinco crianças se chamam Vincenzo, pensei em distingui-los atribuindo-lhes um número ordinal, assim elevando-os á majestade imperial.

Á escola levo matabicho e dou também a Mimmuccio que nunca traz, porque é pobre. Mas eu quero dizer uma coisa: Mimmo, mas tu nunca vais trazer o matabicho?

## De todas as poesias estudadas este ano, qual foi a que gostaste mais?

De todas as poesias estudadas este ano a que gostei mais foi La Livella de Totò. Nesta poesia Totò diz que os ricos não tevem fazer de engraçadinhos porque são ricos, tanto, mais cedo ou mais tarde devem morrer na mesma. Quando se morre, ou é rico ou não é rico, sempre deve morrer. Os ricos se forem nobres fazem de engraçadinhos até mortos.

Nesta poesia Totò diz que ele tinha visto dois cadáveres que falavam no camposanto. Caladinho caladinho escondeu-se num buraco e lhes tinha espiado. O cadáver número um era de um varredor pobre, o cadáver número dois era de um nobre rico. Então o rico disse ao pobre: "Como te atreveste a fazer com que enterrassem perto de mim que tinha tanto dinheiro?", e o pobre lhe dizia que a culpa tinha sido da mulher. Mas ele queria bater-lhe na mesma, mas era melhor que no lugar dele batia a mulher, que tinha feito a confusão. Então o varredor zangou-se e gritava que já se ele não ficava calado lhe batia ele a ele.

Esta poesia tem o significado que a morte é igual para todos, é que devemos ser todos irmãos mesmo se somos restos mortais.

Em Arzano existem mais pobres que ricos, mas eu conheço um rico. Chama-se doutor Basile[16], está cheio de dinheiro. Mas a mulher é pobre, e vende bibelôs na subida. Quando Basile morrerá ele mandará construir uma campa mais grande que um arranha-céus, enquanto para a mulher só um andar.

Se de noite se encontram depois de mortos, vão-se insultar como La Livella de Totò.

---

[16] Aqui também recorri a um nome fictício.

## Já estiveste num hospital? Quais as tuas impressões e emoções?

Eu nunca estive num hospital por minha causa, digo por minha causa. Ma já estive por um outro, que é minha mãe. Minha mãe tinha-se sentido mal na noite na barriga no verão. Então dizia socorro, socorro, mas meu pai não sabia conduzir e no prédio não havia vivalma. Então meu pai andava para a frente e para trás pela casa e não sabia o que devia fazer. Então lhe veio a ideia de telefonar a um hospital de Nápoles para mandar vir a ambulância, mas o primeiro hospital disse que não havia; então meu pai telefonou ao segundo hospital e este também não haviam. E quando ele gritava como um maluco de tanta raiva, eles disseram chamem uma ambulância privada. Os hospitais de Nápoles tramam com a Camorra. Disse o Canal 21. Eles fazem de conta que não há ambulâncias, para fazer chamar as privadas, que pedem milhões para transportar alguém que está morrendo!

Então nós não lhes podemos atirar milhões, e meu pai desceu para a rua e gritava como um louco a quem lhe ouvia. Alguém se aproximou que estava á frente, e disse que não se preocupem lhe acompanho eu. Ele era Mezarecchia o contrabandista, mas foi bom na mesma.

Então acompanhou a mamã ao Caldalelli. Eu também estava. No Caldalelli todos andavam devagarinho a fazer perguntas, e minha mãe tinha cobras na barriga de tanta dor. Então Mezarecchia disse: "jiá fazi o num fazi sta merd de srenga a sinhor? O esperum que morr?[17]"

E lhe fizeram.

Mas lugares não haviam, e lhe meteram no corredor com a agulha dentro.

Eu depois fui-lhe encontrar por uma semana. No Caldalelli tudo está sujo, não lavam, baratas nas camas de noite! De noite as enfermeiras matrecam!

---

[17] Fazem ou não fazem esta tal de injecção á senhora? Ou estão á espera que morra?

Mas a coisa mais feia é uma freira, que todos tremiam quando andava. Meu pai disse se lhe encontro no meio da rua lhe deito abaixo com tudo que não sei conduzir!

No Caldalelli é melhor morrer.

# Dores e alegrias da minha vida

Eu chamo-me Flora Giacchetti e na minha vida tive muito mais alegrias que dores. Antes de tudo, que sou bastante rica, mesmo se moro em Arzano. Depois meu pai e minha mãe são jovens, têm trinta anos. Nós até temos um lindo carro, e seria um Fiat Uno. No verão vamos sempre fazer estância na Calábria. A minha casa é uma casa linda, com tantas varandas, mesmo com vista para a sujidade. Domingo vamos na praça na igreja e eu faço a comunhão (mas a Primeira Comunhão já fiz). Enfim posso considerar-me uma menina feliz, actual.

A alegria mais grande da minha vida foi quando meu pai fez o strike no "Mattino" e a sua fotografia com toda a família e saímos todos em fotografia no jornal.

Para dizer as minhas dores devo dizer que foi quando o meu irmão partira para ir ser soldado. Ele era muito cabeludo e não queria cortar o cabelo.

Outra dor quando acabam as férias de verão e se volta á escola. Mas a dor mais grande foi quando dava Madonna por televisão e naquele mesmo momento se avariou a televisão!

Só de pensar me sinto que dou em louca!

# Estás para deixar a escola primária. Recorda em poucas palavras as impressões, as pessoas, os factos mais relevantes

A mim não me parece verdade que estou para deixar a escola primária, me parece como um sonhio. Porque entrei pequeno e saio grande, e quando sairei da escola do segundo grau sairei ainda mais grande.

Quando andava na primeira eu chorava sempre, porque era pequeno, mas depois na quinta não chorei mais.

Eu conheci tantos amigos na escola e espero revê-los na primeira do segundo grau, se eles passarem de classe.

Da escola primária as coisas mais lindas foram:

Primeiro) o meu professor, que não esquecerei nunca, mesmo quando morrerá,

Segundo) os meus amigos, menos um

Terceiro) os passeios.

O passeio mais bonito que fizemos foi às Catacumbas, que Gennaro não se encontrava mais e eu pensava que os mortos lhe tinham levado, e nós ríamos até não aguentarmos mais.

Depois me lembro da visita médica que encontrou os piolhos na cabeça á Rosetta.

Eu espero que Nicola fique um pouco mais seco, senão rebenta!

Me lembro da fotografia da quarta que Antonio me meteu cornos na cabeça!

A coisa mais feia da escola primária é quando chove, que as mamãs por medo que o filho se molhia correm cuns guarda-chuvas e te pisoteiam.

Eu espero que na escola do segundo grau não me pisotearão mais...

## O professor explicou na aula o "efeito de estufa". Saberias retomar o problema?

Giustino diz que o efeito de estufa está só sobre a Itália, mas não entende as coisas como são! O efeito de estufa está sobre todo o mundo, é uma espece de guarda-chuva que faz reflectir os raios do sol, e a temperatura aumenta. A causa desta causa é a poluição e a droga. Disse o professor que se não acabamos de:

- fumar

- construir fábricas

- drogar-nos

- matar

o efeito de estufa não sairá nunca da terra, e morreremos todos até fevereiro.

Na Calábria já batem as botas de fome, imaginem com o efeito de estufa!

# Fala da circulação sanguínea

A circulação sanguínea é uma circulação do sangue.

O sangue.

O coração.

A bomba.

Quando as artérias são azuis o sangue é azul.

Também há a transfusão da circulação sanguínea.

Se a mamã está grávida do SDA, o filho mal nasce lhe fazem a transfusão.

Se o grupo é O tudo bom, se o grupo é A, B, C, D etecetera, então só podes dar a ele.

O coração é mais importante que a cabeça, porque sem coração não poderia viver a cabeça.

Quando temos febre devemos contar até 70,

máximo 80. Se contamos, temos febre, se não, não.

A seringa antitetánica é quando o cadeado debaixo da minha casa está verde por causa da ferrugem[18].

A circulação nos animais não é boa: têm de ser vacinados. Mas aos animais não dá o infarto, porque não bebem café.

---

[18] O conceito, mais ou menos, é: faz-se a injecção antitetânica quando nos esfolamos com um cadeado enferrujado.

# Qual é o meu desporto preferido

A mim o meu desporto preferido é o futebol, porque se marcam muitos golos, enquanto no ski e no cavalo não se marca sequer um golo.

O futebol é lindíssimo. A minha equipa preferida é o Nápoles, que marca muitos golos. Gullit deve morrer pisoteado. Mas no ano passado o Nápoles metia nojo, tramava com Perluscone. Perluscone disse a Ferlaino se perdes a taça e me dás a mim eu dou a ti dez ou vinte milhões de dólares, podes escolher. E Ferlaino escolheu vinte milhões. Os jogadores que tramavam com Ferlaino eram:

Bagni, Giordano, Garella.

Depois Ferlaino lhes traiu e lhes vendeu. Meu primoso disse se ele-próprio encontra a Ferlaino, não faz mal que Ferlaino é amigo de Cutolo, ele, a ele lhe faz comer o bilhete, porque o meu primoso não tem medo de ninguém, nem do Cutolo.

## Conta como correu um jogo de futebol
## entre a equipa da tua turma e a da turma...

O remate de Ciruzzo tinha sito dentro e não fora, mas o árbitro andava feito com o provessor, e por isso o provessor ganhou a taça. Nós a nossa turma devia ganhar, mas em vez disso venceu a do provessor Esposito, porque ele a ele dá presentes no Natal e o meu provessor que é pobre não lhe dá. Mas não é justo.

Depois o provessor Esposito quando tinha ganhado os outros jogos a outras equipas cantava de galo com as galinhas, mas se stivemos nós as galinhas não éramos.

Capretto se não lixava aquela bola no fim nós venceríamos a taça, mas o contínuo fez ganhar o provessor Esposito se não ele a ele não lhe dava mais presentes.

Mas não é justo. Eu agora agora não sê se devo furar as rodas ao contínuo ou ao provessor Esposito.

# Qual é a tua estação preferida

A minha estação preferida é a estação[19].
Na estação não se vai á escola e não se traz
a justificação, há um sol, um mar, um calor!
Eu vago a Montracone afazer a estância
em Montracone. Há a casa dapraia em
Montracone. Na noit fazemos sopa de amêijoa e
de caracóis e na manhã vamos ápraia. O nosso
club marítimo se chama club marítimo varca do
mar.

Na estação é bonito porque nunca chove e
as estradas estão não á mal. Eu passeio com
a bicicleta codois faróis. Mopai mete a roupa
dento a geleira para quanto deve sair lhes sente
mais frescas.

A única coisa má da estação é que não há
Natal.

---

[19] O verão.

# Fala dos doze meses do ano

Os doze meses do ano são: Janeiro, Fevereiro, Março, Abril, Maio, Junho, Julho, Agosto, Setembro, Outubro, Novembro e Dezembro.

Janeiro, Fevereiro, Março (mas não todo) e Dezembro, são meses de inverno; Março (mas não todo), Abril, Maio e Junho (mas não todo) são os meses primaveris; Junho (mas não todo), Julho, Agosto e Setembro (mas não todo), são meses estivos; Setembro (mas não todo), Outubro, Novembro e Dezembro (mas não todo), são meses outonais.

Janeiro é o mês que prefiro, porque além de virem os Reis Magos, vem também o meu Santo e o meu aniversário; Fevereiro prefiro porque vem Carnaval; Março prefiro porque vem a primavera; Abril prefiro porque vem a Páscoa; Maio, nada; Junho prefiro porque vem o verão; Julho prefiro porque vou de férias; Agosto, nada; Setembro prefiro porque começa o campeonato de futebol; Dezembro prefiro porque vem Natal.

Em Janeiro faz frio, em Fevereiro frio, em Março é loucura; m Abril faz calor, em Maio calor, em Junho calor, em Julho maningue calor, em Setembro fresco, em Outubro fresco, em Novembro fresco, em Dezembro frio.

Gostaria de dizer tantas outras coisas sobre os meses, mas mais doquisto não sei.

## Na tua opinião, porquê, com o ano Dois Mil às portas ainda há tantas guerras?

Com o ano Dois mil às portas ainda há tantas guerras porque é o diabo, é ele que lhes provoca. Ele entra na cabeça dos chefes do mundo e lhes diz: "Declara uma guerra rápido!" e se o chefe lhe diz: "Mais eu tenho uma acabadinha de terminar", o diabo lhe diz: "E a mim o que me importa! Eu declara uma outra".

Assim, sendo que os diabos são tantos, cada um vai falar ao ouvido de um chefe, e começa a guerra montial.

O homem mais mau da história foi Itler[20], mais mau que Nero e Martin Lutero, porque por culpa do diabo matou cem milhões de hebreus, e lhes transformou em sabonete, velas e aftershave.

Agora que estou escrevendo, nesta horinha

---

[20] Hitler

exacta, o diabo está preparando a terceira guerra montial, porque ele nunca se cansa de fazer o mal!

**Explica o significado desta frase de Jesus:
"É mais fácil um camelo passar pelo buraco
de uma agulha que um rico entrar no reino
dos céus."**

Em Arzano menos mal que somos todos pobres.

Em Arzano não há ninguém que pede esmola porque sabe que ninguém lhe pode dar.

Mas um rico existe: é o presidente da câmara de Arzano, que tem a Mercedes, a Testarossa e uma bicicleta. A ele, o camelo passa!!

Esta frase de Jesus significa que os ricos são egoístas e os pobres não. Eu conheço (mas não em Arzano, em Nápoles) uma família que um irmão está sem casa, e o outro irmão tem três casas, e este irmão que tem três casas fala palavrão porque só tem três casas e não quatro, enquanto o outro irmão reza a Nossa Senhora que nos dá pelo menos uma casinha pequena. Este irmão que tem três casas, todos os domingos faz a comunhão, mas aquele outro irmão que não tem a casa, não lhe dá sequer uma das casas. Para este irmão das três casas, também para ele o camelo passa!!

Os ciganos são maningue ricos, têm até a rullot e o cão, mas fazem de conta que são pobres, para irem ao Paraíso! Eles, no baptismo de Rosetta, ouçam o que fizeram, ouve tu também, Mimmo, que não estavas. Eles pediam dinheiro a tio, que lhe tinham visto bem vestido, tio não lhes dava, os ciganos caladinhos caladinhos lhe atiravam insultos. Mas tio tinha ouvido, e disse "E mortos de quem te é morto!"

Uma vez em Arzano passou uma Ross-Ross[21] com um rico dentro: aquele se morre, vai direitinho ao inferno!

---

[21] Rolls Royce

# Fala da tua igreja paroquial

A minha igreja não era paroquial, mas depois do terramoto ficou paroquial. O pároco se chama Don Gaetano Speranzella, e é muito bom, quando chega o dia do santo dele compra bolos para nós. Ele gosta muito de nós porque nós somos da Associação Católica e servimos um pouco á missa.

A igreja se chama Santa Maria Apparente de Caivano, província de Caivano. Ela é muito linda porque fica perta do cinema.

Tem muitas cadeiras, muitos crucifixos e muitas virgens. É um pouco antiga e um pouco moderna, mas depois do terramoto é mais antiga.

Don Gaetano nos prepara o cataclisma[22] e não quer que trazemos chips na igreja. Ele nos confessa é bom, e não bate estilo.

O sacrestão também é bom, se chama don

---

[22] Catecismo.

Pascale e toca os sinos, uma vez me lhes fez tocar a mim.

Quando farei a primeira comunhão sou de parabéns.

## No Carnaval tudo vale...

No ano passado vesti-me de Gata Borralheira, e este ano também me vestirei de Gata Borralheira, porque o vestido é fácil, basta arranjar remendos.

No Carnaval é maningue bonito, e tudo vale. Eu os confetti voulhes por no pescoço de Maria e levanto tumbém as vestes. Mas mesmo se no Carnaval tudo vale, eu nunca atiro ovos podres na cabeça das pessoas, porque não sou bárbara como Giustino.

**Arzano de Nápoles e Arzano de França assinaram uma geminação, e tu assististe aos festejos. Quais são as tuas considerações?**

Eu pensava que no mundo havia uma só Arzano, que era a nossa, e quando soube que havia uma até em França, no primeiro momento pensei que nos queriam copiar, mas depois disse tá bem não faz mal.

Eu a minha Arzano conheço, e sei como é, até se nasci em Grattamaggiore, mas a Arzano de França não conheço, mas penso que é igual á nossa, senão porque fariam fazer a geminação?

Quando os franceses vieram a Arzano, todos lhes cumprimentavam pelo meio da rua, diziam: olá arzanos de França! Eles sorriam como nós, mexiam as mãos como nós, mas talvez não entendiam nada.

Eu acreditava quem sabe como eram os

franceses. São tal e qual nós, só um pouco mais franceses. Eu parei a um deles. Na verdade tinha-lhes um pouco de cagaço, sendo que eram franceses, mas depois ganhei coragem.

Então não sabia o que lhes dizer, mas depois lhes disse: Napoleão. Ele ria como um cavalo, porque tinha entendido, e até me deu um beijo.

No dia da festa fomos toda a escola ao cinema Metropol-Lucia, perto donde mora Enzo, e estavam todas as mamãs e as outras escolas. Não se percebia nada. Parecia-me um inferno. Os franceses estavam na primeira fila, depois veio também o presidente da câmara de Arzano. O presidente da câmara francês quando falou falava bem, mesmo se não se percebia nada, o presidente da câmara nosso já lhe conhecemos e lhe batemos as mãos um pouco menos.

O meu professor fez uma récita que era a mais bonita de todas, e os franceses batiam as mãos. Nicola fez de conta que ia á casa de banho e fugiu.

No próximo ano devemos ser nós a ir para lá.

# Fala do teu colega de carteira

O meu colega de carteira não é ninguém, estão todos longe, porque eu sendo que me comporto maningue mal, o provessor me meteu sozinho, para não falar com o colega de carteira. Mas eu lhes vejo na mesma os outros, Giustino, Mimmo, Pasquale, Flora. Giustino fala mais do que eu mas não está sozinho, eu quero saber porquê? Flora tem piolhos na cabeça e ainda bem que não é minha colega de carteira. Flora, agó é inútil que choras que eu disse isto, porque é verdade. Mimmuccio gazeta sempre na sexta, eu sei porquê, mas não posso dizer, senão vai-se ver com todos. Pasquale é boa pessoa mas num tem voz. Antonio quando vem ao catequismo nos traz sempre o lanche e don Peppino lhe crita.

Eu sei coisas de todos, mas não é justo que estou sozinho.

**O telejornal fala muitas vezes do crime.
Pensas que seja justo dar este tipo
de informação,
ou preferes um telejornal diferente?**

Se devo dizer a verdade, mas a verdade verdadeira, a mim do telejornal da uma gramo, porque não assisto por quanto saio da escola depois da uma. Mas, o telejornal da noite, esse odeio mesmo. Quando meu pai se arretira de noite, nós comemos á frente da televisão. Mas, mal nos sentamos, começa ele, isto é o telejornal. Papá é ele que o acende. Mas acender é o primeiro barulho, mal chega o primeiro prato, o segundo barulho. Á minha mesa come-se com barulhos. Depois, se tivermos acabado, e sai a cara de Gheddafi, papá dá um arroto.

Meu pai, quando vê que sai escrito NÁPOLES, diz: "Todos calados, vejamos que outra confusão aconteceu". Papá diz que quando mostram Nápoles é só para nos falar de confusão, e que quando o Nápoles venceu a taça, em Torino comeram o pão que o diabo amassou.

Há um palerma que apresenta o telejornal que tem a cara do cólera[23] e ri como um cavalo.

A mim do telejornal gramo só do futebol, mas não quando o Nápoles perde.

Eu gostaria que o telejornal não fizessem justamente quando nós comemos, mas um pouco mais tarde, assim comeríamos na santa paz!

---

[23] Tem o rosto cheio de furúnculos.

## O Nápoles venceu a taça. O que esta vitória suscita no teu ânimo?

Na verdade eu não sou bem de Nápoles, porque nasci em San Giorgio em Cremano, perto de Nápoles. Apanha-se primeiro a tangencial, depois a auto-estrada para San Giorgio em Cremano, e se sai em San Giorgio em Cremano.

Mas meu pai era de Nápoles, saída Capodichino. Minha mãe da rua Duomo. Depois viemos para Arzano.

Eu fiquei felicíssima que o Nápoles venceu a taça, porque ele não aguentava mais. eram sessentanos que perdia, e todas as equipas lhe matrecavam. Eu me sinto uma menina de sorte, porque quando nasci, passaram só nove anos e o Nápoles venceu a taça, mas meu pai me disse que um amigo seu que tinha cinquentanove anos, esperou cinquentanove anos que o Nápoles vencia a taça, e depois morreu, e o Nápoles no ano a seguir venceu a taça, e este era um homem sem sorte.

No meu beco todos dispararam petardos, nós atirámos da varanda as cadeiras velhas e fizemos fugir da gaiola o papavaio que estava morrendo, para dar-lhe a liberdade antes de morrer.

Se o papavaio não morrerá, a ele a taça do Nápoles lhe deu a liberdade.

## Na tua opinião é justo desprezar os negros e todos os outros que não são como nós?

Ora eu já sei que todos dirão que não é justo, mas eu pelo contrário digo que é justo. Na verdade eu acredito que os homens não são todos iguais, existem os bonitos, os feios, os altos, os baixinhos, os inteligentes e os burros. Assim também existem povos diferentes. Por exemplo, a mim os alemães metem nojo e lhes odeio porque fazem sempre rebentar a guerra, os ingleses metem nojo e lhes odeio porque dizem que são melhores que todo o mundo, os franceses metem nojo e lhes odeio porque fazem sempre a guerra do vinho connosco. Os negros não me metem nojo nem lhes odeio porque não me fizeram nada, mas fedem, e por isso me metem um pouco de nojo.

Eu só gosto da Itália!!!

# A fome no mundo

A fome no mundo é muita. Há povos mortos de fome. Há as moscas. Os crocodilos. As aranhas. A fome. É a África.

Mas a Índia também não brinca.

Na China se não fazes um filho te pagam.

A fome no mundo pulula como os vermes, como as lombrigas. Há povos maningue ricos, que nem sequer sabem onde é a casa da fome, mas há a Índia, a África e a Basilicata que sabem onde é a casa, da fome!

O mundo mete nojo. A terra mete nojo. O ser humano mete nojo. O mundo se comporta como o rico, e Lázaro seria a África, e também um pouco de Peru. Um dia o Peru já foi maningue rico, agora doi-lhe a barriga tanto pela fome.

O mundo mete nojo, eu não tenho medo de dizer, porque sou o chefe da turma, e posso dizer certas coisas.

E termino esta redacção com estas palavras:
O HOMEM NÃO DESCENDE DOS MACACOS, MAS SIM DO VAMPIRO!

## Daqui a uma semana celebraremos o dia da mãe. Fala das mães no geral e da tua em particular

Eu sei como nascem os bebés: nascem da mãe e não da cegonha. A cegonha é uma espécie de grua, grua o animal não a grua de construção.

Mimmo ainda acredita que nascem das cegonhas! Ele também acredita no Pai Natal! Faz-me rir, o Mimmo.

A mamã é uma coisa séria. Ela se sacrifica desde o momento que nascemos. Ela produz leite para nós. Quando somos pequeninos produz leite, porque é um mamífero: por isso se chama mamã.

Quando crescemos deixa de produzir. Mas se nascer outro filho, produz logo de novo.

A mãe se sacrifica por nós até morrer. Nos leva à escola, nos lava, nos veste, nos dá de comer, assina as provas. Uma mãe de verdade sofre e, quando não há dinheiro em casa faz de conta que não é nada.

Se não há comida porque o marido está desempregado, a mamã arranja trabalho.

Agora devo falar da MINHA mãe.

Minha mãe não produz leite.

Essa não se pinta, não vai ao barbeiro, arranja o cabelo em casa: vem a senhora do lado arranjar-lhes.

Das vezes que meu pai lhe irrita, ela é que ganha.

Eu para o dia da mãe ainda não sei o que lhe vou oferecer, talvez uma surpresa.

# Fala da Revolução francesa

A Revolução francesa vira que tinha havido a Revolução americana e fez a Revolução francesa.

A rainha Maria Antonieta tinha uma boa vida, levantava-se ao meio dia e cinco, matabichava com capuccino e mottinho[24], depois lavava a cara, as unhas, o bidé. Maria Antonieta comprava-se vestidos e jóias com o dinheiro dos impostos dos pobres. Depois fazia de engraçadinha com todos. Não queria saber dos filhos, não lhes dava de mamar, não lhes penteava, pensava só nela. O rei também batia estilo, acreditava que fosse Deus. Em casa dele era um luxo, viviam no luxo, tudo era de ouro: cadeiras ouras, copos ouros, talheres oures. Mas o povo desvivia de fome e os talheres eram só de plástico.

Então rebentou-se, deram-lhes os nervos

---

[24] Buondí motta
[25] Bruce Lee

da nervura, e explodiu a Revolução francesa. Atiraram-se pauladas. Batia-se. Um até cuspiu na cara do outro. Voavam pauladas. Se Brus Li.[25] estivesse lhes faria voar.

Foram á Bastilha e tomaram-na, depois inventaram a quilhotina e cortavam sempre cabeças. O rei vestiu-se de camponês para fugir, mas apanharam-lhe na mesma, e mataram-no. Maria Antonieta fazia de engraçada até na quilhotina, dizia eu sou mais bonita que a Revolução francesa. E mataram-na.

Depois veio Napoleão.

# Dentre os vários episódios da Bíblia, qual te marcou mais?

Lhes disse: "Moisés (aliás, Noé) o mundo é muito mau, se não construíres uma aca vão acabar por morrer todos, e não está bem. Constrói. E dentro deves meter tudo que entra dentro. Põe a ti primeiro, depois tua mulher e depois os teus filhos, faz bem bem. Quando estiverem instalados mete todos os animais bons, os maus faz apear[26]. Agora te digo quem são os animais bons e quem são os maus. Os bons são: tu, tua mulher e os teus filhos, a vaca, o boi, o touro, a cabra, o leão quando comeu, o cavalo, a zebra, o cão, o gato, o macaquinho, o elefante, a girafa, a lagartixa, o passarinho, o porco, tu, tua mulher e os teus filhos. Os animais maus são: o serpento, o abutre, a ratazana, a hiena, o leão quando não comeu, o lobo de montanha, o turbarão, o javali, o morcego preto. Os outros

---

[26] Deixa ir a pé

escolhe tu."

E Noé assim fez. Construiu um barco maningue grande, usava uma cola especial, colava forte. Depois deixou entrar todas as bestas, aos bons dizia faça favor de entrar, aos maus adonde vão, e assim lhes dividia. Só restou um, que era bom, mas não queria entrar, e era o burro. Então toda a família lhe empurrava, lhe puxava, uns pelo pescoço outros pelo rabo, mas não se movia. Era duríssimo. Fazia i-o de nervos. Depois por fim entrou. Mesmo mesmo quando estava vindo um pouco de Dilúvio.

**Estes dias a televisão está a repor a série "Os Prometidos", cuja estória contamos no ano passado. Saberias fazer um breve resumo?**

Para dizer toda a verdade mas mesmo toda a verdade, toda a estória não me lembro, porque desde que fizemos o teatro na turma passaram muito tempo. Mas uma ou duas ou três coisas me lembro.

Era uma vez dois noivos que se queriam casar, porque se gostavam em casamento. Mas havia um outro, um mau, um maligno, um maleducado, que se chamava Conrodrico. Ele, a Lucia, lhe queria mesmo, mas mesmo com intenções! Queria fazer coisas de nojeira, não é que gostava dela. Então disse a dois bons: "Bão ao padre que não lhes deve casar; se não conseguirem é melhor não voltarem, mas procurem voltar".

Os bons foram, encontraram-no, o padre como lhes via todos enraivecidos, por pouco não fazia nas calças. Matrecava-se de medo. Queria fugir deles, mas os bons pararam-lhe e lhe disseram não sejas esperto não cases os noivos, se não te massacramos.

O padre obedeceu por medo, e quando dizia a Renzo e Lucia, Renzo e Lucia se brigaram-se, gritavam alto, por pouco não se davam pontapés. E se deixaram. Um, foi-se embora, uma outra, foi-se junto da freira de Monza. Depois Conrodrico via que Lucia era bonita e queria pegá-la. Depois fazia sempre de engraçado.

Depois veio a Peste, e também um pouco de Cólera. Morriam todos, se tropeçava no meio dos mortos, e quem não estava morto estava quase.

Conridrico ficou amarelo na cara, desvivia pela peste. Quando voltou para casa, enquanto voltava, já fedia, cheirava mal, e todos se escondiam dentro dos banquinhos. Se diziam deit o sang ftente[27]!

E morreu.

A Lucia alguém lhe tinha raptado, mas não porque lhe queria beijar, porque lhe tinha dito Conrodrico. Lucia voltou, Renzo não lhe encontrava, perguntava a todos os bravos se viam Lucia, mas estavam todos mortos, saía fumo das casas. Não havia vivalma viva. Todos os panos estavam no chão. Depois encontra um padre, vivo, que lhe disse. Disse: "Vai depressa, senão morre também Lucia e ficas só tu, eu daqui a seis ou sete minutos morro eutambém."

E foi, e lhe encontrou, e se casaram, e mudaram de cidade. Foram para ESPANHA!

---

[27] Sangra aí, fedorento

## Qual, dentre tantas parábolas de Jesus, é a tua preferida? - 1

Qual, dentre tantas parábolas de Jesus, é a tua preferida? Qual, dentre tantas parábolas de Jesus, é a tua preferida? Eu prefiro aquela do rico.

Era uma vez um rico. Ele era gordo, maningue gordo, por pouco não batia as botas. Ele comia, comia, comia sempre. Quando se levantava dois ou três cappuccinos e um Kinder, ao meio dia nem vale a pena falar: frango, carne, batatinhas fritas. A fome era tanta que comia com as mãos. De noite espalhava-se outra vez, mas se restava qualquer coisa do meio dia ele aquecia.

O rico também bebia, mas sem palhinha, para ser mais rápido, porque tinha um compromisso urgente.

Ele tinha um servo, que se chamava Lázaro, mas não era aquele que Jesus tinha ressuscitado, era um outro Lázaro, mais seco que o outro.

Este Lázaro era maningue seco, por cima tinha só um metro quadrado de carne.

Ele morava debaixo da mesa do rico. E enquanto o rico engordava, ele ficava cada vez mais seco.

Às vezes o rico, se tinha dor de dentes não comia tudo, e as migalhas dava a uns cães que tinham casa perto da casa do Lázaro. Se os cães também tinham dor de dentes ou de cabeça, deixavam para ele.

Mas era muito pouco, e Lázaro morreu, e pela fome foi para o Paraíso. Um dia também o rico morreu, e foi para o Inferno.

No Inferno todos lhe matrecavam que era gordo, chamavam-lhe puorco. Ele ofendeu-se. Depois tinha tanta sede, mas ninguém lhe dava. E no fim ele também ficou mais seco que Lázaro.

# Qual, dentre tantas parábolas de Jesus, é a tua preferida? - 2

A mim a parábola que gramo mais é aquela de lázaro, lázaro era um amigo de Jesus, as vezes tinham saído juntos para fazer compras. Mas um dia Lázaro apanharia uma doença feia da pele, e sendo que naquela terra o hospital mais próximo ficava em Roma, entretanto morreu. Então toda a família choravam, estavam muito tristes. Diziam mas olha que problema.

No dia seguinte meteram-no na tumba e fecharam-lhe com uma pedra que nem Ulk[28] lhe poderia tirar. Um dia a mulher encontra Jesus menino e lhe diz que o seu velho amigo lázaro morreu, se podes vir fazias-nos um favor. Então Jesus nas calmas vai ao cemitério. Quando lhe vêm todos lhe seguem, e cada um dizia a Jesus a mim morreu-me o irmão, Jesus a mim morreu-me a mãe, Jesus a mim morreu-me meu primo

---

[28] O incrível Hulk

direito, praticamente meu irmão, mas Jesus só a um podia salvar: os mortos eram maningues!

Então lançou um grito maningue alto e dizia lázaro sai fora, e lázaro saía. Mas metia medo, era uma múmia, andava como um Zombi, mas estava vivo, e mesmo se tinha ligaduras na boca sorria de tão feliz. Jesus lhe abraçou e lhe disse: Lázaro, desta vez te perdoo, mas da próxima experimenta morrer.

Então Judas viu esto e foi lhe trair.

## Qual, dentre tantas parábolas de Jesus, é a tua preferida? - 3

Eu prefiro o fim do mundo, porque não tenho medo, tanto porque estarei morto há um século.

Deus separará as cabras dos pastores, um á esquerda um á direita, no centro aqueles que irão para o Purgatório.

Serão mais de mil milhões, mais que os chineses, entre cabras, pastores e vacas. Mas Deus terá três portas. Uma maningue larga (que é o Inferno), uma média (que é o Purgatório) e uma apertadinha (que é o Paraíso). Depois Deus dirá: "Todos em silêncio!" e depois lhes dividirá. Um cá outro lá. Alguém que quer ser espertinho quer passar para cá, mas Deus lhe vê. As cabras dirão que não fizeram nada de mal, mas mentem. O mundo explodirá, Arzano ficará em mil pedaços. O presidente do município de Arzano e o assessor irão no meio das cabras. Haverá uma confusão terrível, Marte explodirá, as almas irão e voltarão da terra para buscar corpo, o presidente do município de Arzano e o assessor irão no meio das cabras. Os bons rirão e os maus chorarão, os do purgatório riem um pouco e choram um pouco. As crianças do Limbo ficarão borboletas.

Eu rezemos só que me safo.

# ÍNDICE

**Marcello D'Orta** nasceu em 1953 em Nápoles. Professor primário, leccionou pelas escolas do território Napolitano durante quinze anos. Esta experiência inspirou e forneceu o material para o seu primeiro livro, Io speriamo che me la cavo, que se revelou um sucesso de vendas, algo inédito para um livro do género, adaptado para o cinema em 1992 por Lina Wertmuller.

**Sandra Tamele** nasceu em Pemba, Moçambique. Cursou Arquitectura e Planeamento Físico na Universidade Eduardo Mondlane em Maputo e dedica-se à tradução a tempo inteiro desde 2007. Ano em que se estreou na tradução literária com Eu Não Tenho Medo do renomado escritor italiano, Niccolò Ammaniti. Vive em Maputo onde promove várias iniciativas culturais.

## A PUBLICAÇÃO DESTE LIVRO FOI POSSÍVEL GRAÇAS AO GENEROSO APOIO DE:

Carlos De Lemos

Master Power Technologies Moçambique S.U., Lda.

Antonella De Muti

Abiba Abdala

Abílio Coelho

Almir Tembe

Ana Catarina Teixeira

Ângela Marisa Baltazar Rodrigues Bainha

Celma Mabjaia

Celso Tamele

Dalva Isidoro

Eduardo Quive

Emanuel Andate

Euzébio Machambisse

Hermenegildo M. C. Gamito

Inês Ângelo Tamele Bucelate

Jéssica Brites

João Raposeiro

José dos Remédios

Julião Boane

Maria Gabriela Aragão

Pincal Motilal

Ricardo Dagot

Sónia Pandeirada Pinho

Virgília Ferrão

# O SEU NOME TAMBÉM PODE CONSTAR AQUI E NOUTROS LIVROS

## SUBSCREVA OU OFEREÇA UMA SUBSCRIÇÃO AOS SEUS AMIGOS E FAMILIARES

Além das vendas na livraria, a Editora Trinta Zero Nove conta com subscrições de pessoas como você para poder lançar as suas publicações.

Os nossos subscritores ajudam, não só a concretizar os livros fisicamente, mas também a permitir-nos abordar autores, agentes e editores, por podermos demonstrar que os nossos livros já têm leitores e fãs. E dão-nos a segurança que precisamos para publicar em linha com os nossos valores literários e de responsabilidade social.

Subscreva aos nossos pacotes de 3, 6 ou 12 livros e/ou audiolivros por ano e enviaremos os livros ao domicílio antes da publicação e venda nas livrarias.

**Ao subscrever:**

- receberá uma cópia da primeira edição de cada um dos livros que subscrever
- receberá um agradecimento personalizado com o seu nome impresso na última página dos livros publicados com o apoio dos subscritores
- receberá brindes diversos e convites VIP para os nossos eventos e lançamentos

Visite www.editoratrintazeronove.org ou ligue para nós para o 870 003 009 ou envie-nos um WhatsApp para 847 003 009 para apoiar as nossas publicações ao subscrever os livros que estamos a preparar